Nelly –
Fledermäuschen auf großer Reise

Thomon von Diemar

Nelly –
Fledermäuschen auf großer Reise

Bibliografische Information der Deutschen Nationalbibliothek
Die Deutsche Nationalbibliothek verzeichnet diese Publikation in der
Deutschen Nationalbibliografie; detaillierte bibliografische Daten
sind im Internet über http//dnb.d-nb.de abrufbar.

Satz, Umschlaggestaltung,
Herstellung und Verlag: BoD - Books on Demand,
Norderstedt
ISBN: 978-3-7557-5757-3

Vorwort

Liebe Kinder,

wenn ihr ein Zuhause habt, dann könnt ihr euch glücklich schätzen. Es gibt so viele, die auf der Suche nach einem Zuhause sind. Die nicht wissen, wo sie am Abend schlafen können. Nelly hat sie kennengelernt und weiss nun, wie wichtig ein Zuhause und eine Heimat sind.

Inhalt

Unerwarteter Besuch

Nelly Fledermäuschen lebt ihr Leben im schönen Küstenwald. Sie hat Berlin kennengelernt. Die große Stadt mit all ihren schönen und weniger schönen Seiten. Sie hat wunderbare Freunde kennengelernt und erfahren, dass Freiheit ein hohes Gut ist. Für Nelly ist das Leben wunderbar. Die Sonne scheint, es gibt genug zu fressen und all ihre Freunde sind da. Egal, ob Stachel, der hilfsbereite Igel, Selma, die Wildschweinmutter oder auch Mathilda, die tapfere Schildkröte. Nelly weiß, wie schön es ist, wenn man draußen herumschwirren kann. Ein grüner Wald voller Mücken. Tiefdunkle Tümpel, in denen große und kleine Frösche dösen. Die Natur beschenkt und überrascht dich jeden Tag aufs Neue. Nur wer mit offenen Augen durch die Welt geht, kann ihre Geheimnisse ergründen. Warum nur werden Moorfrösche blau und warum nur ziehen die Vögel im Spätsommer in den Süden? Was ist eigentlich der Süden? Und wo liegt er der Süden? Nelly grübelt vor sich hin. Es gibt so vieles, was sie schon gesehen hat. Aber auch noch vielmehr, das sie nicht kennt. Und nur wer neugierig ist, lernt die Welt wirklich kennen.

Nelly will weg

Am nächsten Tag wird sie durch ein lautes Zwitschern aufgeweckt. Sie sieht Heerscharen von Staren über sich. Die Stare können Bilder formen. Mal erscheinen sie wie eine große Wolke, mal wie ein Kreis und oder ein Walfisch. Manche Dinge gelingen eben nur, wenn ganz ganz viele mitmachen. Aus der großen Starenwolke löst sich ein schwarzer Punkt und fliegt auf Nelly zu. Nelly wundert sich. Was hat das wohl zu bedeuten? Doch ehe sie eine Antwort auf diese Frage findet, sitzt der schwarze Punkt schon neben ihr. Es ist Stephan, der kluge Star, der vor zwei Jahren bei Nelly und ihrer Familie überwintert hat. Auf seiner damaligen Reise in den Süden ist er vom Himmel gefallen, denn ein Kind hat eine Drohne in den Starenschwarm gelenkt. Aber heute ist er putzmunter. Er freut sich riesig seine Freundin Nelly wiederzusehen. Und Nelly freut sich noch vielmehr. Natürlich muss er wieder alles erzählen. Von seiner schönen Heimat, den Masuren, aber auch von der weiten Reise, die ihm bevorsteht. Nelly platzt vor Neugier und löchert Stephan unablässig. Da reift eine Idee in ihrem kleinen Köpfchen heran. Was wäre eigentlich, wenn sie Stephan in den Süden begleiten würde? Sie wollte doch schon immer dahin. Einmal hat sie gehört, wohin die Stare die Reise führt. Nach Andalusien. Andalusien, wie schön das klingt. Es liegt in Spanien. Und Spanien klingt genauso schön. Was wäre also, wenn sie Stephan einfach begleiten würde? Sie traut sich gar nicht, es ihren Eltern zu beichten. Aber Stephan ist begeistert von dieser Idee und macht ihr Mut. *Nelly, komm doch einfach mit. Es wird Dir gefallen und ein neues Abenteuer ist genau das, was Du brauchst.* Sie vertraut sich ihrem Brüderchen Niels an und der will natürlich mit. Nelly aber meint, es würde den Eltern das Herz brechen, wenn sie den ganzen langen Winter allein überstehen müssten. Schweren Herzens lässt sich Niels überzeugen und gemeinsam überzeugen sie die Eltern von Nellys Plan. Es ist schön, wenn man sich auf seine Geschwister verlassen kann.

Auf geht's mit Stephan

Natürlich sind Mama und Papa Fledermaus überhaupt nicht begeistert und erst recht nicht Oma Fledermaus. Aber alle wissen, es ist leichter einen Express Zug zu stoppen, als eine kleine hartnäckige Fledermaus namens Nelly. Stephan meinte, es muss sich noch ausgiebig gestärkt werden und in zwei Tagen geht es los. Die Tage nutzen beide zu einer ausgiebigen Jagd auf Mücken und Sammeln von Beeren. Der Küstenwald wird durchstreift und jede Mücke landet im schwarzen Fledermausmäulchen und jede Beere im gelben Starenschnabel. In den Jahren zuvor hat sich Nelly für den Winterschlaf gestärkt. Nun geht es darum, genug Energie für einen weiten, weiten Flug zu sammeln. Denn dieser Flug soll über 2500 Kilometer gehen. Das ist viel weiter als der Flug von Berlin in den Küstenwald, den Nelly voriges Jahr zurückgelegt hat. Der war 200 Kilometer lang und steckte ihr noch lange in den Flügeln. Aber 2500 Kilometer, das ist ja das Zwölffache. Aber Stephan kann sie beruhigen. Sie würden ausreichend Pausen machen, denn es gilt ja, sich unterwegs zu stärken und auch auszuruhen. Es gibt soviele Vögel, die im Herbst ihr Gefieder strecken und sich Richtung Süden auf den Weg machen. Die Graugänse fliegen als große Pfeilformation, die Störche in einer Linie und die Stare formieren sich zum Schwarm. Die Menschen und Tiere, die auf dem Boden bleiben müssen, schauen ihnen sehnsüchtig nach. Aber auch viele Vögel, die nur im Umkreis bleiben, träumen davon, es ihnen gleich zu tun. Denn die Heimat ist wunderschön, aber wenn man sie niemals verlässt, fehlt der Vergleich. Dann passiert es schnell, dass man sie gar nicht mehr so schön finden kann. Den Traum, die eigene Heimat zu verlassen, erfüllt sich nun Nelly. Auch wenn es nicht für immer ist, aber es ist auf jeden Fall ein großes Abenteuer.

Mit den Staren unterwegs

Zwei Tage hatte Nelly Zeit sich zu stärken. Zwei Tage, dass hieß Mückenjagd, Beerensammeln und Kräfte tanken. Heute geht es los. Die Morgensonne sendet ihre warmen Strahlen zur Erde hinab. Es ist ein wunderschöner Spätsommertag. Der Wald riecht nach feuchtem Holz, denn der Morgentau hat ihn frisch gemacht. Die Stare erwachen in den Waldbäumen und mit einem lauten Zwitschern geht es los. Es ist eine große schwarze Wolke, die sich in Richtung Süden aufmacht. Nelly ist völlig beeindruckt. Sie schätzt, dass mindestens 1000 Stare sich versammelt haben. Sie fliegt direkt hinter Stephan und ist mitten in der Starenwolke. Es ist sehr erstaunlich. Wenn sie direkt hinter Stephan fliegt, ist das Fliegen viel einfacher. Stephan erklärt ihr, dass sie sich in seinem Windschatten befindet und dadurch viel, viel weniger Energie verbraucht. Sie fliegen schräg über Deutschland. Nelly ist erstaunt, woher die Stare die Richtung kennen. Aber Stephan hat auch auf diese Frage eine Antwort. Sie nutzen ihren Instinkt. Also wurde ihnen dieser Orientierungssinn angeboren. Und die Sonne weist ihnen den Weg. Nelly sieht auf die Erde und bewundert, wie grün doch Deutschland ist. Selbst in den Städten gibt es Parks und Stadtwälder.

Breite Flüsse ziehen durchs Land und immer hört sie Stephan zwitschern, wenn er ihr etwas erklärt. *Wir überqueren jetzt die Elbe. Da unten ist Hannover.* Oder. *Schau mal, dort ist der schöne Rhein.* Die Nächte werden in Bäumen verbracht, die meist in der Nähe von Seen stehen. Da gibt es noch ausreichend Mücken und andere Insekten, an denen sie sich laben können. Auf einer Wiese neben einem Tümpel trifft Nelly einige Störche. Sie kann nicht glauben, was sie ihr berichten. Ihre Reise führt sie noch viel, viel weiter als bis nach Andalusien. Sie fliegen bis nach Südafrika. Das ist eine Distanz von über 10.000 Kilometern. Nelly bewundert die Art, wie die Störche fliegen. Sie sind in einer Art Segelflug unterwegs. Das spart Energie und gibt ihnen die Möglichkeit, mit ganz wenig Energie ganz weite Strecken zurückzulegen. Nelly freut sich auf ihre Reise und ist so gespannt, was sie wohl noch erleben wird.

In den Weinbergen

Nach vier Tagen Flug hat Nelly eine wunderschöne Landschaft erreicht. Es ist bergig hier. So etwas hat sie noch nie gesehen. Es gibt kleine Flüsse, die sich durch grüne Täler schlängeln. An den Hängen sind grüne Sträucher, die voller gelber und dunkelroter Reben hängen. Stephan erklärt ihr, dass es sich um Wein handelt. Hunderte fleißige Pflücker sind in den Weinbergen unterwegs. Nelly hört ein lautes Stimmengewirr. Es wird gestritten und gelacht. Aber Nelly hat diese Sprachen noch nie gehört. Woher mögen all diese Menschen kommen? Es sind rumänische, bulgarische und polnische Erntehelfer. Fern der Heimat helfen sie den Winzern, den Wein zu ernten. Was ist das für eine verrückte Welt? Da müssen Menschen aus weit entfernten Ländern anreisen, um bei der Ernte zu helfen. Sie bleiben einige Monate. Und was ist mit ihren Familien? Ihren Kindern? Nelly grübelt und muss auch an ihre Eltern und Brüderchen Niels denken. Was mögen die jetzt wohl machen? Bereiten sie sich schon auf den Winterschlaft vor? Ob sie wohl ihre kleine Nelly vermissen? Aber es geht anderen auch so. Nur eben mit dem Unterschied, dass Nelly ja völlig freiwillig fernab der Heimat unterwegs ist.

Hamster Henry ist krank

Nelly hört ein leises Husten. Neben dem Weinberg hockt ein kleiner Hamster auf der Wiese und krümmt sich. Nelly fliegt zu ihm herunter und sprich ihn direkt an: *Hallo mein Freund. Was ist denn los mit Dir? Kann ich Dir irgendwie helfen?* Doch der kleine Hamster entgegnet leise: *Das ist lieb von Dir. Aber ich habe den Husten schon sehr lange. Ich bin übrigens Henry.* Nelly fragt, woher denn der Husten käme. Da beginnt Henry leise zu weinen. Jedes Jahr wird der Weinberg mit ganz viel Chemie behandelt. Na klar, die Blattläuse müssen verschwinden. *Aber wir anderen Tiere atmen das ein und das schädigt alles. Unsere Lunge, unsere Haut und unser Herz. Darum habe ich diesen Husten, der leider nicht mehr weggeht.* Nelly tut es unendlich leid. Sie weiss aber nicht, wie sie Henry helfen kann. Denn egal, wo er hinflüchten würde, es wird überall Chemie eingesetzt. Natürlich brauchen die Menschen Wein. Aber auch Obst und Gemüse. Aber kleine Hamster und andere Tiere brauchen auch einen Platz zum Leben. Stephan hat eine Wildblumenwiese entdeckt, auf der ein Bienenwagen steht. Es sieht kunterbunt dort aus. Vielleicht ist das ein Ort, wo Hamster Henry leben und sogar wieder gesund werden kann. Sofort berichtet Stephan Hamster

Henry von seiner Entdeckung und Henry meint, er will es auf jeden Fall versuchen. Er macht sich auf den Weg und erreicht mit seinen winzigen Trippelschritten Stunden später die Blumenwiese. Henry staunt nicht schlecht: Bienen, schnelle Wespen und dicke Hummeln schwirren hier herum. Große und kleine Käfer und Heerscharen von Ameisen bahnen sich ihren Weg durch das dichte Gras. Wenn es ein Paradies gibt, dann muss es hier sein! Nelly und Stephan wünschen sich nichts sehnlicher, als dass Henry wieder gesund wird. Henry hat wirklich liebe Freunde gefunden, die ihm helfen konnten. Was ist aber mit all denen, die keine Freunde haben?

Frankreich ist wunderschön

Nelly und Stephan haben drei Tage in den Weinbergen verbracht. Beide konnten sich ausreichend stärken. Nelly mit unzähligen Mücken, Stephan mit unterschiedlichsten Beeren und schmackhaften Insekten. Aber nach drei Tagen kommt Unruhe in die Starenschwärme. Man hört ein lautes Zwitschern und nach und nach starten Starenwolken in die Luft. Nelly kennt das Gefühl. Es ist ein Gemisch aus Unruhe und Vorfreude. Auf geht's. Jetzt rein in die Wolke und mitfliegen. Tausende Flügel klatschen einen schnellen Rhythmus. So geht es weiter in Richtung Süden, immer weiter, einfach der Sonne entgegen. Sie erreichen eine Landschaft, wie sie schöner nicht sein kann. War vorher alles grün, ist es jetzt violett. Stephan erklärt ihr, dass sie über riesige Lavendelfelder fliegen. Es ist aber nicht nur die wunderschöne violette Farbe, die diese Landschaft so traumhaft machen. Es ist auch der Duft, der nach oben steigt. Lavendel duftet einfach unbeschreiblich. Sie sind in der Provence gelandet. Nelly findet, dass schon das Wort Provence wunderschön klingt. In einem See hat sie rosa Vögel entdeckt. Sie zählt hunderte von ihnen. Einige verharren still auf einem Bein, während andere langsam durch das Wasser staken. Natürlich weiss auch

Stephan, um welche Vögel es sich handelt: Flamingos. Doch nicht nur die Flamingos können Nelly beeindrucken. Es gibt auch weisse Pferde, die über riesige Koppeln traben. Alte Schlösser schmiegen sich an bewaldete Hügel. Es gibt Ruinen und immer wieder wunderschöne Seen. Nelly würde am liebsten hier bleiben, doch Stephan meint. *Man kann nicht irgendwo bleiben, nur weil man es dort am schönsten findet. Jeder hat seinen Ort, wo er hingehört und das ist der Ort, an dem er gebraucht wird.* Nelly weiss, dass er recht hat. Und irgendwie freut sie sich auch auf den Weiterflug. Und schon hört sie es wieder. Das Schwirren, das Zwitschern und sie spürt die Unruhe. Es geht los. Auf in ein neues Abenteuer.

Ein weiter Weg

Auf ihrem Weg nach Andalusien überqueren sie die Pyrenäen. Nelly hat noch nie so ein mächtiges Gebirge gesehen. Auf den Berggipfeln erblickt sie sogar etwas Schnee. Den kennt sie ja vom Küstenwald. Manchmal gibt es sogar schon Schnee im November. Aber er stört sie nicht weiter, denn ab November geht es ja in den Winterschlaf. Das Fliegen in den Bergen ist nicht einfach. Es weht immer wieder ein starker Wind und der Schwarm muss dagegen anfliegen. Bläst der Wind leicht, ist das Fliegen einfacher. Aber wenn er böig heranbraust, genau dann wird das Fliegen schwer. Stephan meint: *Gegenwind stärkt den Charakter.* Oh je, er mit seinen Sprüchen, denkt sich Nelly und fliegt tapfer weiter. Es ist gut, dass sie gemeinsam fliegen. Denn in der Gruppe gibt jeder dem anderen einen Windschatten. Viele Dinge lassen sich einfach besser erreichen, wenn man zusammenhält. Aber mit jedem Flügelschlag fällt ihr das Fliegen schwerer. Zum Glück geht es den Staren genauso und schon wird zum Ausruhen gerufen. Sie finden auf großen Pinien ihr Nachtquartier. Laut zwitschernd wird sich ausgetauscht. Nelly entnimmt den Worten, dass es wohl noch eine Tagesreise ist, bis sie in Andalusien sind.

In Andalusien angekommen

Diese Tagesreise treten sie schon am frühen Morgen an. Es geht durch eine Landschaft, die nicht mehr so saftig grün wie in Frankreich ist, sondern eher trockener wirkt. Es gibt weniger Wald, dafür aber weite Weidenflächen. Sie sieht Kühe grasen, aber auch riesige Obst- und Gemüseplantagen. Im Moment wächst nichts mehr. Die Pflanzen erholen sich vielmehr, um im nächsten Jahr wieder reichlich Früchte hervorzubringen. Sie sieht schöne alte Städte. Sie sind um große Kirchen gegliedert. Oft gibt es sogar noch eine alte Stadtmauer. Alte Schlösser und Paläste sind auch zu finden. Auf einem Platz findet ein großes Volksfest statt. Was für ein Spaß! In großen und kleinen Kreisen wird getanzt. Die Menschen halten sich an den Händen und schwingen ihre Arme vor und zurück. Plötzlich stellte sich eine junge dunkelhaarige Frau in die Mitte des Kreis, reckt ihren linken Arm in die Höhe, nickt einmal kurz und eine schnellere Melodie ertönt. Sie tanzt allein und die Zuschauer klatschen begeistert. Nelly schnappt ein Wort auf, das wunderschön klingt: Flamenco. Was für ein schönes Wort für so einen wunderbaren Tanz! Sie probiert auch ihre Flügel zu schütteln, wie sie es bei der Tänzerin gesehen hat, doch ein sich vor Lachen beugender Star Stephan stoppt sie bei ihren Bemühungen. Es ist vielleicht auch besser so.

Neue Freunde

Nelly und ihre Freunde haben es sich in den Pinienkronen gemütlich gemacht. Hier also werden sie nächsten Monate verbringen. Tagsüber ist es angenehm warm. Ein leichter Wind weht von Zeit zu Zeit, aber meist ist es windstill und sonnig. Die Sonne sieht hier besonders schön aus, wie ein grosser quittegelber Ball. Abends geht sie sehr schnell unter. Ehe man es sich versieht, ist sie wieder im Meer verschwunden. Und morgens steigt sie wieder aus dem Meer auf. Nelly denkt, das geht jetzt schon seit Ewigkeiten und wird immer so weitergehen. Was ist ihr kleines Leben im Vergleich zur Ewigkeit? Es ist wie der Tropfen, der im weiten Meer schwimmt. Aber selbst der kleinste Tropfen kann etwas bewirken. Nelly ist sicher: Wenn jeder sich hilfsbereit verhält, kann die Welt wenigstens ein bisschen besser werden. Und schon bald wird Nellys Hilfsbereitschaft auf eine Probe gestellt. Sie sieht, wie sich das Gebüsch leicht bewegt. Was kann das nur sein? Sie hört auch ein leichtes Jaulen und kann es keinem Tier zuordnen. Erst ein leises Jaulen, dann ein langes Stöhnen und ein kurzes heiseres Bellen. Jetzt weiss Nelly, dass es sich um einen Hund handeln muss. Aber was ist das denn für ein Hund? Völlig zitternd und zersaust kommt ein kleiner grauer Hund aus dem Gebüsch zum Vorschein. Vorsichtig blickt er erst nach links, dann genauso vorsichtig nach rechts. Wovor mag er nur solche Angst haben?

Benny ist traurig

Nelly flattert zu ihm herunter und fragt, was denn los sei. Da beginnt Benny zu erzählen. Er hatte mal ein schönes Zuhause. Es gab einen Hof, mit einigen Hühnern, Gänsen und einem alten Pferd. Er hatte ein Herrchen, dass sich liebevoll um ihn kümmerte. Denn Benny war ein geschickter Mäusejäger. Und auch Ratten konnte er gut vertreiben. Denn sein Herrchen meinte, Mäuse und Ratten haben auf dem Hof nichts verloren. Leider ist sein Herrchen vor einem Jahr verstorben. Es gab keine Familie, keine Kinder oder Enkel, die sich um den Hof kümmern konnten. So waren es einige Nachbarn, die sich der Tiere annahmen. Aber keiner wollte noch einen Hund aufnehmen. Wirklich keiner. Dabei waren die Nachbarn immer ausgenommen freundlich zu Benny, wenn sie sein Herrchen besuchten. Aber nun hatte keiner Streicheleinheiten, geschweige denn ein Zuhause für ihn. So blieb Benny nichts anderes übrig, als sein Glück auf der Straße zu suchen. Was waren das für anstrengende Wochen und Monate! Mal schnüffelte er über die Müllkippe, mal fand er ein Nachtlager neben der Veranda eines alten Hauses. Aber morgens wurde er dort unsanft geweckt. Mit einem Schwall kaltem Wasser aus einem Zinkeimer und einer laut zeternden

Frau. *Hau ab, Du Lauseköter* hörte er sie schimpfen. Dabei könnte er hier so nützlich sein. Auf das Haus und das Grundstück aufpassen. Ratten und Mäuse vertreiben. Aber es gibt Menschen, die einfach keine Haustiere und erst recht keine Hunde mögen. Oft denkt er an sein altes Zuhause zurück. Was würde er dafür geben, wenn er sein altes Leben zurückhaben könnte. Vor einer Woche hatte er sich einem Hunderudel angeschlossen. Sie waren zu fünft. Ein alter Dalmatiner war der Anführer und vier kleine Mischlinge, so wie Benny auch einer ist, waren die Rudelmitglieder. Am Anfang war es eine schöne Zeit. Es wurde gemeinsam nach Futter gesucht, gemeinsam das Nachtlager aufgeschlagen und wenn ein mitleidiger Bauer etwas Futter übrig hatte, dann wurde es geteilt. Aber bald war der Frieden vorbei. Es begannen zwei Rudelmitglieder sich zu beissen und um den letzten Rest Futter zu streiten. Und irgendwann war eine wilde Beisserei im Gange und auch Benny bekam einiges ab. Ihm blieb nichts anderes übrig, als ganz schnell Reissaus zu nehmen. Und so schnell ihn seine kleinen Beine tragen konnten, flitzte er die Dorfstraße hinunter und versteckte sich im Gebüsch. Und dort hatte ihn ja Nelly entdeckt.

Ein neues Zuhause für Benny

Aber es wäre ja nicht Nelly, wenn sie nicht schon wieder eine Idee hätte, wie man Benny helfen könnte. Am Ende des Dorfes hatten Nelly und der Star Stephan nämlich ein kleines Haus entdeckt. Hinter großen Rosenbüschen ragte es strahlend grün hervor. Es gab eine kleine Veranda, die liebevoll dekoriert war. Eine alte Frau kümmerte sich jeden Tag um die schönen Blumen. Sie knipste Rosen ab, wenn sie verblüht waren, besprühte die Blätter mit Essig gegen die Blattläuse und schöpfte Unmengen von Wasser aus dem Brunnen, um ihre geliebten Blumen zu gießen. Im Dorf war sie sehr beliebt und wurde nur die gute Carmen genannt. Denn sie hatte für jeden ein gutes Herz. Den Kindern schenkte sie ein Bonbon, den Frauen einen guten Rat und den Männern ein Augenzwinkern. Sie war früher eine wilde junge Frau gewesen, die liebend gern Flamenco tanzte. Aber wie die Rosen in ihrem Garten konnte auch sie ihre Schönheit behalten und je älter die Rose, desto stärker ist ihr Duft. Und wie die alten Rosen, hatte sie auch eine Unbeugsamkeit erhalten. Nein, keiner konnte sie brechen. Nelly meinte zu Benny, dass er doch einfach mal versuchen sollte, ob er nicht bei Carmen leben könne. Das ist leichter gesagt als getan, denn

Carmen war ja nicht ganz allein. Es lebte ja noch Milly bei ihr, eine alte getigerte Hauskatze. Und die war genauso eigensinnig wie ihr Frauchen. Benny wollte es daher erst einmal ganz vorsichtig versuchen. Er war schon so oft weggejagt worden, viel zu oft für eine kleine Hundeseele. So legt er sich vor den grünen Gartenzaun und blinzelte in die untergehende Abendsonne. Carmen kam vom Einkaufen vom Bauernmarkt und hatte einen Korb auf ihrem dunkelroten Fahrrad. Ihre geliebte Katze Milly saß laut schnurrend im Apfelbaum und war sich sicher, dass sie gleich ihr Begrüßungshäppchen bekommt. Doch was ist das? Carmen zuckt zusammen, denn aus dem hohen Gras blickt ihr eine kleine Hundeschnauze entgegen. Sie beugt sich herunter und nimmt den kleinen Hund liebevoll auf ihren Arm. Was für ein kleines bemitleidenswertes Fellbündel. Benny schmiegt sich an Carmen an und hört endlich auf zu zittern.

Wird Milly seine Freundin?

Aus dem Apfelbaum wird er beobachtet. Milly schnurrt leise und Carmen ermuntert sie, endlich herunter zu kommen. Milly würde ja gern, aber was soll dieser zerzauste Hund auf Carmens Arm? Carmen streckt Milly ein Leckerli entgegen. Eine kleine Sprotte, die sie vom Markt mitgebracht hat. Was für ein Leckerbissen. Nicht dass der kleine Hund die Sprotte noch wegschnappt. Aber was soll ein Hund mit einer Sprotte? Benny denkt überhaupt nicht daran, Milly die Sprotte wegzuschnappen. Er kuschelt sich gemütlich bei Carmen ein. Wie lange ist es her, dass er mal auf den Arm genommen wurde? Einfach mal kuscheln. Ein Zuhause haben. Carmen hat sich mit dem kleinen Hund auf eine Gartenbank unter dem Apfelbaum gesetzt. Auf ihrem Arm hat sie den kleinen Benny und um ihre Beine streicht schnurrend Katze Milly. So sitzt sie schon fast eine Stunde und blinzelt in die untergehende Sonne. Benny schläft in ihren Armen ein. Mit einem Satz landet Milly auch auf ihrem Schoß und kuschelt sich an das kleine schlafende Fellbündel an. Ob die beiden Freunde werden? Warum denn nicht? Egal, wer man ist und wo man herkommt. Wenn man nur ein bisschen guten Willen zeigt, dann ist alles möglich. Und oft werden gerade die, von denen man es am wenigsten erwartet, irgendwann die besten Freunde.

Die Heimat ruft

Seit Tagen spürt Nelly, dass irgendwas anders ist mit Stephan. Er ist so unruhig. Jeden Tag kommen andere Stare und fliegen aufgeregt auf und ab. Die Schwärme werden immer größer. Nelly will wissen was los ist. Es geht nach Hause! Was für ein schönes Wort. Nelly freut sich so. Ihr kleines Herz hüpft auf und ab. Endlich wird sie alle wiedersehen. Mama und Papa, ihr Brüderchen Niels. Wie mag es Oma Fledermaus wohl gehen? Als Nelly vor sechs Monaten abgeflogen war, war sie ganz besonders traurig. Ob sie wohl ihre kleine Nelly wiedersehen wird? Auch Fledermäuse haben nicht das ewige Leben und manchmal fühlte sich Oma Fledermaus auch schon ziemlich schlapp. Nelly kann es kaum erwarten, endlich ihre Familie und auch ihren geliebten Küstenwald wieder zu sehen. Sie weiß, dass sie bald ihren neuen Freunden Tschüß sagen muss. Aber sie freut sich riesig, wenn sie den kleinen glücklichen Benny sieht, wenn er fröhlich durch Carmens wunderschönen Garten läuft. Katze Milly beobachtet das alles von ihrem Platz im alten Apfelbaum aus. Alles wirkt so friedlich und Nelly würde gern bleiben. Doch heute ist der letzte Tag. Es ist Mitte März und der große Schwarm setzt sich in Bewegung. Benny schaut sehnsüchtig hinterher.

Er hat Nelly und Stephan so viel zu verdanken. Es kann sein, dass er sich das nur einbildet. Aber als Carmen in den Himmel blickt und begeistert ruft: *Schaut nur, die Stare bilden ein großes Herz*, weiß er dass er sich nicht getäuscht hat.

Zuhause ist es am schönsten

Nelly weiß, dass noch ein weiter Weg vor ihnen liegt. Es gilt wieder die Pyrenäen zu überwinden. Gerade die Berge haben oft böigen Wind, der das Fliegen sehr schwer macht. Aber im Schwarm funktioniert alles viel viel leichter. Als sie über Frankreich fliegen, muss sie an all ihre schönen Erlebnisse vom Hinflug denken. Es waren sechs wunderbare Monate. Es ist schön, wenn man woanders hin kann. Aber noch viel schöner ist, wenn man weiß, wo man hingehört. Wenn man ein Zuhause hat, in dem man seine Sprache spricht. Schon bald erblickt Nelly dieses Zuhause. Ja, das ist ihr geliebter Küstenwald. Hier kennt sie jeden Tümpel, jeden Weg und fast jeden Baum. Schon bald hat sie die Eiche entdeckt, in der ihre Familie zu Hause ist. Sie lugt vorsichtig hinein und erblickt Oma Fledermaus. Sie ist außer sich vor Freude. *Meine Nelly, meine Nelly,* ruft sie glücklich. Sie kann nicht mehr mit den anderen Fledermäusen herumflattern und auf Nahrungssuche gehen. *Aber Oma, Du hast früher für uns gesorgt, jetzt sorgen wir für Dich. Alles richtig gemacht.* Sagt Nelly. *Alles richtig gemacht?,* seufzt Oma leise. *Nein nicht alles. Wäre ich früher so mutig wie Du gewesen, hätte ich mehr von dieser Welt gesehen. Ich wäre so gern einmal am*

Mittelmeer gewesen. Aber nun ist es dafür zu spät. Die größten Abenteuer erlebt man, wenn man jung ist und die wichtigsten Erfahrungen macht man selbst. Nelly versprach, ihr ausführlich zu berichten. Da trifft schon Familie Fledermaus ein. Mama und Papa Fledermaus und ihr Brüderchen Niels. Fledermausig überschwänglich wird Nelly begrüßt. Aber auch Stephan wird herzlich umarmt.

Er sieht, wie glücklich Nelly ist, wieder zu Hause bei ihrer Familie zu sein.

Stephan sagt, *Heimat ist da, wo man mit dem Herzen zu Hause ist.* Mit einigen schnellen Flügelschlägen verabschiedet er sich und fliegt im großen Schwarm in Richtung Masuren. Denn dort ist sein Zuhause.